Ingrid van Bebber / Detlev Jöcker

Bitte sehr & danke schön

Neue Kinderlieder, Spiele und Geschichten zu Werten, Umgangsformen und Benimmregeln

Musik: Detlev Jöcker
Liedertexte: August van Bebber
Fachbeiträge: Dipl.-Psychologinnen Susanne Bartscht
und Gabriela Dresel
Spielbeiträge und Geschichten: Ingrid van Bebber

Illustrationen: Barbara Stachuletz

Menschenkinder®

Die 14 Lieder dieses Buches gibt es auch auf der
CD/MusiCassette „Bitte sehr & danke schön",
erhältlich im Buch- und Fachhandel oder beim
Menschenkinder® Verlag und Vertrieb GmbH,
An der Kleimannbrücke 97, 48157 Münster
www.menschenkinder.de

→ Mit Hörproben sämtlicher Lieder!

3. Auflage 2004
Menschenkinder® Verlag, 48157 Münster

Druck: J.P. Himmer GmbH & Co. KG, Augsburg
Redaktion: Menschenkinder® Verlag, Münster
Satz und Layout: FACHWERK, Werbe- und Projektagentur, Münster
Notengrafik: Menschenkinder® Verlag, Münster

Printed in Germany 2004

Die Deutsche Bibliothek – CIP – Einheitsaufnahme

Bitte sehr & danke schön [Medienkombination] : Neue Kinderlieder, Spiele und Geschichten zu Werten, Umgangsformen und Benimmregeln / Ingrid van Bebber ; Detlev Jöcker. – Münster : Menschenkinder®.
Buch..-2004
ISBN 3-89516-199-3

Vorwort

Wir leben in einer Zeit, in der sich gesellschaftliche und soziale Konstellationen rasant verändern. Viele suchen Leitlinien in der Zeit wachsender Orientierungslosigkeit und entdecken Werte und Umgangsformen als Möglichkeit für positive Veränderungen.

Eltern wünschen sich, dass aus ihren Kindern Persönlichkeiten werden, die ihre Zukunft selbstbewusst und erfolgreich meistern. Daher brauchen Kinder Leitlinien, um sich im Leben besser zurecht zu finden.

Da Musik ohne Umwege direkt in die Herzen von Kindern geht, ist das gesungene Lied ein ideales Medium zur Vermittlung pädagogischer Werte ohne erhobenen Zeigefinger. Mit den begleitenden Spielanregungen und Geschichten können die Umgangsformen auf spielerischer Art und Weise vertieft werden.

Für dieses Begleitbuch haben wir folgende Themen ausgewählt:

• Bitte sehr & danke schön	Höflichkeit
• Schlürf und Schmatz und Schleck	Tischmanieren
• Versuchs doch mal mit Pünktlichkeit	Pünktlichkeit
• Morgens, mittags, abends	Grüßen
• Zusammen geht es besser	Teamfähigkeit
• Das Schokomonster	Ehrlichkeit
• Was hat er euch denn getan?	Toleranz
• Wo ist denn nur mein linker Schuh?	Ordnung
• Ich hör dir zu	Zuhören
• Das ist doch ungerecht	Gerechtigkeit
• Es ist schön, dem andern zu helfen	Hilfsbereitschaft
• Nein! Ich mach das nicht!	Zivilcourage
• Freunde	Freundschaft
• An Land ein kleiner Leuchtturm steht	Suche nach Werten

Unterstützt wurde dieses Projekt von den Dipl.-Psychologinnen Susanne Bartscht und Gabriela Dresel, die zu jedem Thema einen Fachbeitrag geschrieben haben.
Die Beiträge finden Sie nach den jeweiligen Liedern; diese sind mit dem Symbol gekennzeichnet.

Wir wünschen uns, dass wir mit den Liedern, Spielanleitungen und Geschichten dabei helfen, dass aus Kindern starke und selbstverantwortliche Persönlichkeiten werden.

Ihr
Detlev Jöcker

Inhaltsverzeichnis

PiNKY

Angekommen

Der kleine Kerl, der da in einer Schublade saß, war etwas ganz Besonderes. Schon sein Aussehen war ungewöhnlich: Er hatte einen runden Kopf und zwei ziemlich große Ohren. Oben auf dem Kopf wuchsen gelbe borstige Haare. Seine tiefschwarzen Augen blickten sehr freundlich, er hatte eine kleine Nase und einen Mund, der fast immer lächelte. Das Allerschönste an ihm aber war seine Haut. Sie war pink! Wunderschön leuchtend pink! Daher war sein Name „Pinky".

Pinky kam von weit her. Bei ihm zu Hause wurde sehr viel über die sonderbaren Menschen gesprochen. Sie sollten merkwürdige Angewohnheiten haben, die sie selbst „Werte" nannten. Aber niemand wusste so recht, was damit gemeint sein könnte. Das wollte Pinky unbedingt herausfinden! Dann hätte er zu Hause viel zu erzählen, und alle würden ihm, dem kleinen Pinky, zuhören. Deshalb war er gekommen.

Müde von der langen Reise war er auf einer großen Wiese eingeschlafen, bis zwei Kinder plötzlich über seine Füße stolperten. Die beiden waren Geschwister, das Mädchen, Jule, war vier, der Junge, Malte, sechs Jahre alt. Nachdem Pinky ihnen erzählt hatte, dass er von weit her gekommen war und hier noch niemanden kannte, nahmen die beiden ihn mit zu sich nach Hause.

Auch ihre Eltern fragten ihn, wo er herkomme und was er bei ihnen wolle. Dann sagten sie: „Bleib ruhig so lange bei uns, bis du alles herausgefunden hast, was du wissen möchtest! Du kannst bei Malte in seinem Zimmer schlafen."
Schnell verwandelte Jules und Maltes Mama eine Schublade mit einer kuscheligen Decke und einem weichen Kissen in ein gemütliches Bett. Dann strahlte sie ihn an und sagte: „Herzlich willkommen bei uns, Pinky!" Und der Vater hatte ihm auf die Schulter geklopft und ihn angelächelt.

Jetzt saß er hier in seiner Schublade und freute sich schon auf alles, was er erleben würde.

Bitte sehr und danke schön

Text: August van Bebber / Musik: Detlev Jöcker

2. Oma geht mit mir spaziern,
heute nur mit mir allein.
Sie hat mir ein Eis gekauft.
Erdbeer', da sag ich nicht „Nein".
Oma sagt dann: „Bitte sehr!
Das schmeckt gut, mein kleiner Schatz."
„Danke schön", ich schlecke los
und geb' Oma einen Schmatz.

Refrain:
„Bitte sehr!" und „Danke schön!"
So kann man sich gut verstehn.
„Bitte sehr!" und „Danke schön!"
So kann man sich gut verstehn.

3. Ich hab einen kleinen Hund,
mit dem tob ich durch das Haus.
Heute ist es schrecklich heiß,
Struppi hängt die Zunge raus.
„Bitte schön!" Ich stelle ihm
einen Topf mit Wasser hin.
„Wuff", er schaut mich fröhlich an,
ich glaub, ich versteh ihn.

Refrain:
„Bitte sehr!" und „Danke schön!" ...

Spielanleitung zum Lied:
Jeweils zwei Kinder stehen sich gegenüber und können sich zum Refrain wie folgt bewegen:

„Bitte sehr"	Ein Kind streckt dem anderen Kind beide Hände entgegen.
„Danke schön"	Das andere Kind fasst die ihm entgegengestreckten Hände.
„So kann man sich gut verstehn"	Die Kinder bewegen sich an den Händen gefasst hin und her und lachen sich dabei an.

Lernen erfolgt auf unterschiedlichste Arten: Effektiv und zielführend ist das Lernen durch Beobachtung. Und gerade bei der Höflichkeit spielt das Vorbild der Eltern eine tragende Rolle, denn sie sind die ersten Modelle. „Bitte" und „Danke" sollte man nicht erzwingen. Es fällt Kindern leichter, wenn sie verstehen, dass nicht Floskeln gefragt sind, sondern Achtung und Respekt vor anderen. Dann werden Eltern irgendwann die Früchte ihrer Erziehung ernten können.

Das Zauberwort

Jule kam in die Küche gerannt.
„Mama, ich habe Durst! Gib mir was zu trinken!"
Jules Mama sagte nichts.
„Mama, hörst du mich nicht? Ich bin schon halb verdurstet!" sagte Jule vorwurfsvoll.
Mama schaute Jule an. „Wie heißt das Zauberwort?"
Jule stöhnte. Mama immer mit ihrem Zauberwort. Sie war doch kein Baby mehr.
„Kann ich bitte etwas zu trinken haben, Mama?"
Im gleichen Augenblick kam Pinky um die Ecke geflitzt.
„Wer kann hier zaubern? Welches Zauberwort?" rief er aufgeregt.
Mama musste lachen.
„Komm mit in mein Zimmer, Pinky", sagte Jule. „Ich erkläre dir das mit dem Zauberwort."
Die beiden zogen sich in Jules Zimmer zurück. Pinky schaute Jule erwartungsvoll an.
„Also", begann sie. „Wenn du etwas haben möchtest, sagst du ‚Bitte' und wenn du etwas bekommen hast, sagst du ‚Danke'. Das ist Höflichkeit, hat Mama gesagt. Und zu anderen höflich zu sein, ist wichtig. Wenn ich das mal vergesse, sagt Mama immer: ‚Wie heißt das Zauberwort'!
„Ach sooo! Das ist ja einfach. Danke, dass du es mir erklärt hast. Darf ich bitte auf deinem Bett sitzen? Danke! Kannst du mir bitte ein Blatt Papier und einen Stift geben? Danke, Jule!"
Jule lachte. „Genug, Pinky!" rief sie. „Du kannst es."
Beim gemeinsamen Abendessen sagte Papa: „Malte, gib mir mal den Brotkorb!"
„Wie heißt das Zauberwort?" fragte Pinky stolz.

„Bitte“ und „Danke“

Material:
Kreppband, 2 Kisten, 2 Körbe mit kleinen Bällen, pro Mitspieler 1 Löffel, Sanduhr oder Stoppuhr, eine Geschichte

So geht's:
Auf dem Boden werden eine Start- und eine Ziellinie mit Kreppband markiert. Die Kinder bilden zwei gleich große Mannschaften: die „Bitte-Mannschaft“ und die „Danke-Mannschaft“. An der Startlinie steht für jede Mannschaft ein Korb mit kleinen Bällen und einem Löffel pro Kind. An der Ziellinie steht je ein Karton.
Der Spielleiter erzählt die Geschichte. Ist das Wort „Bitte“ zu hören, laufen alle Kinder der „Bitte-Mannschaft" zu ihrem Korb. Jedes Kind legt einen Ball auf seinen Löffel und läuft damit zur Ziellinie. Dort wirft es den Ball in den Karton und läuft zurück, um sich den nächsten Ball zu holen. Der Spielleiter wartet bis zum Ablauf der verabredeten Zeit (z. B. 30 Sekunden), dann erzählt er die Geschichte weiter. Die Kinder der „Bitte-Mannschaft“ kommen zur Startlinie zurück. Ertönt das Wort „Danke“, laufen die Kinder der „Danke-Mannschaft“ los.
Am Ende der Geschichte hat die Mannschaft gewonnen, in deren Korb an der Ziellinie die meisten Bälle liegen.

Die Geschichte könnte folgende sein:
Es ist Samstagmorgen. Lukas und sein Vater sitzen am Frühstückstisch.
„Papa“, sagt Lukas. „Kann ich gleich zu Julian gehen? Wir wollen zusammen Fußball spielen. *Bitte*!“. Papa überlegt einen Augenblick. „Wenn du dein Zimmer schon aufgeräumt hast, kannst du gerne gehen.“ Lukas springt von seinem Stuhl auf und ruft „*Danke*, Papa!“. „Halt, mein Sohn, erst frühstücken wir zu Ende. Setzt dich wieder hin und iss weiter, *bitte*!“ Lukas nimmt sich eine Scheibe Brot und denkt daran, wie viele Tore er wohl später schießen wird. „Lukas“, unterbricht sein Vater seine Gedanken. „Reichst du mir *bitte* den Käse herüber? *Danke*!“ Lukas trinkt seine Milch aus. „Jetzt bin ich aber total satt! Kann ich aufstehen? Julian wartet bestimmt schon auf mich.“ Lukas Vater nickt. „*Danke*, Papa!“ Lukas gibt seinen Vater einen Kuss und flitzt zur Tür hinaus.

Schlürf und Schmatz und Schleck

Text: August van Bebber / Musik: Detlev Jöcker

2. Schlürf und Schmatz und Schleck,
die essen so, dass man es hört.
Und sie merken nicht,
wie sehr der Lärm die andern stört.
Schlürf isst laut die Suppe,
Schmatz verschlingt sein Leibgericht.
Schleck, der spricht mit vollem Mund.
Nein, so geht das wirklich nicht!

Refrain:
Halt! Wartet mit dem Essen,
damit sich jeder nehmen kann!
Habt ihr denn schon vergessen,
wir fangen doch gemeinsam an!
Man muss doch nicht gleich starten,
viel besser wär's zu warten.
Und bitte leise essen,
habt ihr das auch vergessen?
Schlürf, Schmatz, Schleck,
nehmt eure Hände bitte weg!

3. Schlürf und Schmatz und Schleck,
die haben sich was ausgedacht.
„Guten Appetit!“,
das wird am Anfang jetzt gesagt!
Erst wenn alle da sind,
fangen sie zu essen an.
Das geht jetzt so leise,
dass man's fast nicht hören kann.

Refrain:
Sie warten mit dem Essen,
damit sich jeder nehmen kann!
Sie haben nicht vergessen,
wir fangen doch gemeinsam an!
Sie wollen nicht gleich starten,
sie können jetzt auch warten.
Sie können leise essen,
sie haben's nicht vergessen!
Schlürf, Schmatz, Schleck,
die sind doch wirklich alle nett!

> Gemeinsame Mahlzeiten sind Rituale. Rituale bestätigen und stärken das Zusammengehörigkeitsgefühl und folgen bestimmten Regeln. Tischmanieren sind gewachsene, kulturelle Regeln. Sie sind nicht leicht zu verstehen und für Kinder schwierig zu erlernen. Damit der Spaß am Essen und die Freude am Familienmahl erhalten bleiben, ist es ratsam nicht zu viele Tischregeln aufzustellen oder zu ermahnen. Auch hier ist das Modelllernen das A und O.

Mit dem Kopf in der Schüssel

Pinky schnupperte: „Was riecht denn hier so lecker? Habe ich einen Hunger!" Er stürmte ins Esszimmer und schaute sich um. „Nanu", stellte er fest, „es ist ja noch niemand da!"

Aber die Schüssel mit dem leckeren Kartoffelpüree stand schon auf dem Tisch! Pinkys Magen knurrte heftig. Mit beiden Händen nahm er die Schüssel, zog noch einmal den köstlichen Duft ein und ... steckte den Kopf hinein.

Malte und Jule, die mit dem Händewaschen fertig waren und sich an den Tisch setzen wollten, blieben wie erstarrt in der Tür stehen. Pinky schmatzte und schluckte.

„Mama", kicherten die beiden. „Komm mal ganz schnell!"

Mama kam aus der Küche. Im gleichen Augenblick tauchte Pinky aus der leeren Schüssel wieder auf, das ganze Gesicht bis zu den Ohren voll mit Kartoffelpüree. Er wischte mit dem Ärmel die Reste weg und strahlte die drei an.

„Das war superlecker", sagte er begeistert.

„Was ist mit euch? Ihr seht so merkwürdig aus."

Jule und Malte prusteten los.

Mama seufzte: „Ach Pinky. Geh bitte deine Hände und dein Gesicht waschen. Ich hole in der Zeit eine neue Schüssel mit Kartoffelpüree. Dann setzten wir uns gemeinsam an den Tisch und essen. Du machst einfach nur nach, was wir dir zeigen."

„Okay", murmelte Pinky beim Hinausgehen. „Aber warum muss man sich die Hände ständig waschen?"

Wo ist die Gabel?

Material:
1 Tisch, Gedeck für vier Personen

So geht's:
Die Kinder sitzen auf Stühlen im Kreis, ein Kind geht vor die Tür. Der Spielleiter nimmt etwas vom Tisch. Das hereingerufene Kind muss herausfinden, welcher Gegenstand fehlt.

Tipp:
Bei älteren Kindern können mehrere Gestände gleichzeitig vom Tisch genommen werden.

Wie sieht denn der Tisch aus?

Material:
2 Platzdecken, 2 Teller, 2 Messer, 2 Servietten, 2 Gläser, Brotkorb, Wasserflasche, Marmelade, Margarine, Käse u. Ä.

So geht's:
Das Material steht ungeordnet auf dem Tisch. Die Aufgabe des Kindes ist es, den Tisch für zwei Personen zu decken.

Tipp:
Wenn nicht direkt im Anschluss gefrühstückt wird, werden keine Lebensmittel auf den Tisch gestellt.

Versuchs doch mal mit Pünktlichkeit

Text: August van Bebber / Musik: Detlev Jöcker

2. Wir wollten alle Schwimmen gehen,
Sonntagmorgen um halb neun.
Ich hatte es mir vorgenommen,
diesmal werd ich pünktlich sein.
Doch leider habe ich verschlafen,
weil mein Wecker gar nicht geht!
Und als die Mama mich dann weckte,
war es wieder mal zu spät!

Refrain:
Versuchs doch mal mit Pünktlichkeit,
wir haben auch nicht ewig Zeit zu warten,
bis du endlich, endlich bei uns bist.
Versuchs doch mal mit Pünktlichkeit
und komme dann zur rechten Zeit,
weil das doch für uns alle, alle schöner ist.

3. Ihr wolltet alle zu mir kommen,
heute Mittag um halb zwei.
Ich warte jetzt schon ziemlich lange.
Ist das eine Bummelei.
So langsam kann ich auch verstehen,
wie es euch beim Warten geht.
Ich glaub, jetzt habe ich verstanden.
Ich komm niemals mehr zu spät!

Refrain:
Versuchs doch mal mit Pünktlichkeit ...

Mama, wie viel Mal noch schlafen? Diese Frage mutet manchmal merkwürdig an, wenn das eigene Zeitverständnis doch oft vom häufigen Blick auf die sekundengenaue Armbanduhr geprägt ist. Kinder leben vorwiegend im Hier und Jetzt und verlieren sich in der Zeit. Bevor Kinder nicht die Uhr lesen können, kann Pünktlichkeit nicht von ihnen erwartet werden. Für Kinder ist es nur schwer zu erfassen, was es für den anderen bedeutet, wenn man unpünktlich ist. Am deutlichsten lässt es sich noch immer am eigenen Leib erfahren.

Wo bleibt Mama?

„Wo bleibt Mama nur?“ Jule saß mit Pinky und Malte auf dem Teppich im Kindergarten und schaute schon zum dritten Mal auf die Uhr: „Sie müsste schon längst hier sein!“

„Mama kommt bestimmt gleich.“ beruhigte Malte seine Schwester.

„Sie ist sonst immer pünktlich. Da kann sie sich doch auch einmal verspäten.“

Jule sah ihren Bruder an. „Ich finde es schrecklich, wenn jemand nicht pünktlich ist. Dann sitzt man da und wartet und weiß überhaupt nicht, was los ist. Wenn sie uns nun vergessen hat?“

Pinky nahm Jule in den Arm.

„Jetzt habe keine Angst. Deine Mama vergisst uns bestimmt nicht. Außerdem sind wir doch bei dir. Und Frau Schmitz ist auch da.“

Pinky schaute zur Erzieherin, die gerade den Raum fegte.

„Lass uns noch ein bisschen spielen. Mama kommt bestimmt gleich!“ meinte Malte.

Die drei bauten ihr Haus weiter. Nach einiger Zeit wurde auch Malte unruhig und schaute auf die Uhr. Heute war Mama aber wirklich spät. Alle anderen Kinder waren schon abgeholt worden.

„Jule, Pinky, ich gehe zu Frau Schmitz. Sie kann ja bei uns zu Hause anrufen!“

Im gleichen Moment ging die Tür auf und ihr Papa kam herein.

„Hallo, ihr drei. Habt ihr schon lange gewartet? Mama hat sich den Fuß umgeknickt und kann nicht Auto fahren. Sie hat mich im Büro angerufen und ich bin so schnell ich konnte hierher gekommen. Wir fahren jetzt zusammen zu ihr nach Hause, sie wartet bestimmt schon auf uns.“

Da schnaubt Malte „Warum sollen wir uns jetzt so beeilen? Mama kann ruhig auf uns warten. Dann weiß sie auch, wie man sich dabei fühlt.

Wir hatten solche Angst, dass Mama uns vergessen hat! Dabei hätte sie doch einfach Frau Schmitz anrufen und ihr sagen können, dass du uns abholst!“

Der nette kleine Herr Vielzuspät

Der nette, kleine Herr Vielzuspät
kommt einfach immer viel zu spät.
Er weiß nicht, was er machen kann,
doch er kommt niemals pünktlich an.

Wenn er am Morgen zur Arbeit geht,
dann kommt er immer ... *(viel zu spät).*
Er fragt sich, woran es liegen kann,
denn er kommt niemals ... *(pünktlich an).*

Wenn er am Mittag zum Essen geht,
dann kommt er immer ... *(viel zu spät).*
Er möchte wissen: „Wo liegt es dran?“
Denn er kommt niemals ... *(pünktlich an).*

Wenn er am Abend zu Freunden geht,
dann kommt er immer ... *(viel zu spät).*
Sagt ihm doch, was er machen kann,
sonst komm er niemals ... *(pünktlich an).*

Tipp:
Die Kinder können Vorschläge machen, wie Herr Vielzuspät es schaffen kann pünktlich zu sein.

Schau auf die Uhr

Material:
Große Uhr zum Hinstellen, CD-Player / Kassettenrecorder, CD / Kassette mit instrumentaler Kindermusik

So geht's:
Vor Beginn des Spiels werden Tätigkeiten / Bewegungen vereinbart, die zu bestimmten Uhrzeiten gehören, z. B.:

7.00 Uhr:	aufstehen und sich recken
8.00 Uhr:	anziehen (pantomimisch)
9.00 Uhr:	frühstücken (pantomimisch)
10.00 Uhr:	einen Ausflug machen. Je zwei Kinder nehmen sich an die Hand, die Paare laufen hintereinander durch den Raum.
11.00 Uhr:	spielen Alle laufen (hüpfen, springen) durch den Raum.
12.00 Uhr:	Mittag essen (pantomimisch)
13.00 Uhr:	Mittagsschlaf

Die Kinder sitzen im Kreis auf dem Boden. Stoppt die Musik, stellt der Spielleiter die Uhr und sagt dazu: „Es ist 7.00 Uhr!“. Die Kinder führen die vereinbarte Bewegung aus. Setzt die Musik ein, setzen sich die Kinder wieder hin und das Spiel beginnt von vorn.

Tipp:
Die Kinder lernen bei diesem Spiel zusätzlich den ersten Umgang mit der Uhr.

Morgens, mittags, abends

Text: August van Bebber / Musik: Detlev Jöcker

2. Ich wünsch dir „Guten Tag".
   Ich wünsch dir „Guten Tag".
   Ich möchte, dass der Tag gut wird
   und dich zum „Guten Abend" führt.
   Ich wünsch dir „Guten Tag".

Refrain:
Morgens, mittags, abends
und auch in der Nacht,
grüßen sich die Menschen,
das ist so abgemacht.

3. Ich wünsch dir „Guten Abend".
   Ich wünsch dir „Guten Abend".
   Ich möchte wenn es Abend ist,
   dass du dann ohne Sorgen bist.
   Ich wünsch dir „Guten Abend".

Refrain:
Morgens, mittags, abends ...

4. Ich wünsch dir „Gute Nacht“ .
Ich wünsch dir „Gute Nacht“.
Ich möchte, dass die Nacht gut wird
und dich zum „Guten Morgen“ führt.
Ich wünsch dir „Gute Nacht“.

Refrain:
Morgens, mittags, abends ...

Spielanleitung zum Lied:
Zum Refrain können die Kinder folgende Bewegungen ausführen:

„Morgens“	Den rechten Arm zur rechten Seite ausstrecken.
„Mittags“	Den linken Arm zur linken Seite ausstrecken.
„Abends“	Die Hände wie zu einem Gebet aufeinanderlegen.
„... und auch in der Nacht“	Den Kopf zum Schlafen seitlich auf die Hände legen.
„... grüßen sich die Menschen ...“	Alle winken sich zu.

Grüßen ist nicht nur eine Form der Höflichkeit, sondern auch die erste Kontaktaufnahme. Grüßen bedeutet für manche Menschen eine lästige Pflichterfüllung, für andere ist es Teil eines freundlichen Miteinanders, das ganz bewusst gepflegt wird. Dass das Grüßen in unserer Kultur eine Selbstverständlichkeit im höflichen Umgang ist, wissen Kinder bereits mit dem vierten Lebensjahr. Sollten sie es dennoch mal vergessen, hilft liebevolle Ermahnung alle mal mehr als ein Tadel.

Guten Morgen

Jule und Pinky kamen aus dem Haus.
„Guten Morgen, Frau Meier," sagte Jule, als eine Frau auf dem Bürgersteig an ihnen vorbeiging.
„Guten Morgen," grüßte diese freundlich zurück.
„Was hast du da gesagt?" wollte Pinky wissen.
Jule erklärte es ihm: „Ich habe gegrüßt! Immer, wenn ich jemanden treffe, den ich kenne, grüße ich. Die meisten freuen sich und grüßen mich dann auch."
„Aha!", meinte Pinky. Er schaute sich um und sah eine junge Frau, die er einmal mit Malte getroffen hatte. Er lächelte und rief über die Straße: ‚Guten Morgen, Frau Meier!'"
Er drehte sich stolz zu Jule um: „War das gut? Warum lachst du?"
Jule musste sich erst einmal beruhigen. „Du kannst doch nicht ‚Frau Meier' zu ihr sagen!"
„Wieso nicht? Das hast du doch auch gemacht!"
„Aber vorhin war das doch auch Frau Meier. Wenn du den Namen von jemanden nicht kennst, sagst du einfach ‚Guten Morgen' oder ‚Guten Tag' oder so!"
„Das ist ja kompliziert. Wie soll ich das alles behalten?"
Jule tröstete ihn „Irgendwann lernt es jeder!"
„Da kommt jemand!" freute sich Pinky. Er winkte dem Mann auf der anderen Straßenseite zu und grüßte ihn ganz freundlich. Aber der Mann schaute nicht einmal zu ihnen herüber und lief weiter.
„Naja," meinte Pinky enttäuscht. „Jeder lernt das wohl doch nicht!"

Ich möchte dich begrüßen

Material:
CD-Player / Kassettenrecorder, CD / Kassette mit instrumentaler Kindermusik

So geht's:
Die Kinder bilden einen Innen- und einen Außenkreis. Zur Musik bewegt sich der Außenkreis nach rechts, der Innenkreis nach links. Stoppt die Musik, sagt der Spielleiter z. B. „Es ist Morgen“ (Es ist Abend. Wie begrüßen sich Eskimos? Wie begrüßen sich Freunde usw.). Jedes Kind des Innenkreises begrüßt das ihm gegenüberstehende Kind des Außenkreises mit „Guten Morgen“ (Guten Abend, Nase reiben, Umarmen usw.). Setzt die Musik wieder ein, beginnt das Spiel von vorn.

Begrüßung mit Instrumenten

Material:
Pro Kind ein Instrument (Klanghölzer, Holzblocktrommeln, Handtrommeln o. Ä.), CD-Player / Kassettenrecorder, CD / Kassette mit instrumentaler Kindermusik

So geht's:
Zur Musik laufen die Kinder mit ihren Instrumenten durch den Raum. Stoppt die Musik, sucht sich jedes Kind einen Partner. Es spielt eine Begrüßung auf seinem Instrument, die von dem anderen Kind erwidert wird. Setzt die Musik wieder ein, beginnt das Spiel von vorn.

Tipp:
Dieses Spiel sollte nicht mit zu vielen Kindern gespielt werden, da die Partner sich sonst nicht mehr verstehen können.

Zusammen geht es besser

Text: August van Bebber / Musik: Detlev Jöcker

2. Ich bin noch klein und du bist groß,
das passt sehr gut zusammen.
Wir waren heut im Supermarkt,
sind einkaufen gegangen.
Ich habe das, was unten liegt,
aus dem Regal genommen.
Und alles, was ganz oben steht,
hat Mama leicht bekommen.

Refrain
Zusammen geht es besser.
Was du nicht kannst, kann ich.
Wir können uns gut helfen,
wir tun's gemeinschaftlich.
Zusammen geht es besser.
Was ich nicht kann, kannst du.
Wenn wir einander helfen,
kommt der Spaß von selbst dazu.
Wir konnten schnell nach Hause fahren
und ganz viel Zeit fürs Spielen sparen.

3. Ich bin noch klein und du bist groß,
das passt sehr gut zusammen.
Mein Zimmer wird heut aufgeräumt,
ich hab schon angefangen.
Die Sachen unter meinem Bett,
die hab ich aufgehoben.
Mein Papa räumt die Wäsche ein,
sie liegt im Schrank ganz oben.

Refrain
Zusammen geht es besser ...

Ein Team ist eine Gruppe von Menschen, die für einen bestimmten Zweck zusammenarbeiten. Für menschliche Entwicklung und Fortschritt war Teamarbeit von jeher wichtig. Bei Teamarbeit werden Wissen und Fertigkeiten gebündelt, so dass etwas besseres entstehen kann. Darüber hinaus machen Menschen die Erfahrung von Gemeinschaft und Zugehörigkeit. Kinder erleben in Zeiten von TV, Computern und Gameboy Teamsituationen viel zu selten. Mannschaftssport, gemeinsames Werken und kooperatives Spiel fördern und wirken ausgleichend.

Pinky lernt Fußball spielen

Malte, Jule und Pinky waren mit ihren Freunden auf der großen Spielwiese verabredet. „Sollen wir Fußball spielen?“ fragte Malte.
„Au ja, spielen!“, rief Pinky begeistert. „Aber was ist Fußball?“
„Zuerst müssen wir zwei Mannschaften bilden!“ erklärte Jule.
Die Kinder teilten sich schnell in zwei Gruppen auf.
„Und jetzt“, fuhr Jule fort, „versucht jeder den Ball ins Tor zu schießen.“
„Das ist ja ganz einfach, dann können wir sofort anfangen,“ meinte Pinky. Er schnappte sich den Ball und schoss, rannte hinterher und schoss wieder und rannte und rannte. Die anderen Kinder versuchten, auch mal den Ball zu bekommen. Aber Pinky umspielte alle, und manchmal schubste er sogar ein bisschen. Nach einiger Zeit war Pinky völlig außer Atem. Er nahm den Ball in die Hand, ließ sich auf den Boden plumpsen und japste: „Jetzt ist es genug. Ich kann nicht mehr!“ Die anderen schauten ihn fassungslos an.
Malte sagte schließlich: „Ich glaube, wir müssen dir das mit den Mannschaften noch ein bisschen genauer erklären!“
„Von mir aus,“ murmelte Pinky.
„Also“, fing Malte an, „eine Mannschaft gehört zusammen. Das ist ein Team, verstehst du?“
„Nö!“
Malte seufzte.
Sein Freund Lukas half ihm: „In einem Team sind alle wichtig. Sie spielen zusammen. Mal hat der eine den Ball, dann gibt er ihn an einen anderen Spieler ab und gemeinsam schaffen sie es dann manchmal ein Tor zu schießen!“
„Ach so“, sagte Pinky. „Jetzt weiß ich, wie man Fußball spielt.“
„Super“, freute sich Malte. „Dann können wir ja mit dem Spiel anfangen. Komm, Pinky!“ Stöhnend stand Pinky auf und murmelte „Fußball ist ganz schön anstrengend!“

Zusammen schaffen wir es!

Material:
2 Leitern, 1 Brett, 2 kleine Tische, 1 Korb mit kleinen Perlen in den drei Grundfarben, 1 Bierdeckel, 1 Augenbinde, Kartons, Kreppband, 3 hohe Gefäße mit enger Öffnung (z. B. Reagenzgläser)

So geht's:
Zur Vorbereitung werden eine Start- und eine Ziellinie auf den Boden geklebt. Die Strecke dazwischen wird in vier Teilstrecken unterteilt. Jede von ihnen ist mit einer Aufgabe verbunden, die ganz bestimmte Fähigkeiten erfordert. Vor Beginn des Spieles wird festgelegt, welches Kind welche Aufgabe übernimmt.

Folgender Parcours kann aufgebaut werden:

1. Teilstrecke:
Am Ende dieser Strecke steht ein Tisch, auf dem sich ein Korb mit Perlen und drei Gefäße befinden. Das Kind läuft zum Tisch und sortiert die Perlen aus dem Korb in die Behälter (Feinmotorik).

2. Teilstrecke:
Zwischen zwei Haushaltsleitern liegt in ca. 1 m Höhe ein Brett. Das Kind klettert über die erste Leiter bis zum Brett, balanciert auf diesem zur zweiten Leiter und steigt über die Leiter auf den Boden (Motorik, Gleichgewichtssinn).

3. Teilstrecke:
In der Mitte der Strecke steht ein Tisch. Das Kind legt sich einen Bierdeckel auf dem Kopf und läuft damit bis zum Tisch, klettert darüber und läuft auf der anderen Seite bis zum Ende der Strecke weiter (Körperkoordination).

4. Teilstrecke:
Im Verlauf dieser Strecke stehen mehrere Kartons auf dem Boden. Das Kind bekommt die Augen verbunden und lässt sich von einem anderen Kind um die Hindernisse herum zum Ende der Strecke führen (Raumwahrnehmung, Orientierung im Raum).

Am Ende der 4. Teilstrecke liegen viele Kartons auf dem Boden, die von den Kindern gemeinsam zu einem Turm aufgestapelt werden.

Tipp:
Die Anzahl der Teilstrecken kann je nach Anzahl der Mitspieler verändert werden. Das Spiel kann auch als Wettspiel durchgeführt werden. Dann werden zwei gleiche Parcours aufgebaut. Gewonnen hat die Mannschaft, die als erste den Turm aufgebaut hat.

Das Schokomonster

Text: August van Bebber / Musik: Detlev Jöcker

2. Wenn Maxi Zähne putzen soll,
dann ist die Zahncremetube weg.
Das findet er dann richtig gut,
denn putzen hat doch keinen Zweck.
Wenn Maxi Zähne putzen soll,
dann fallen ihm Geschichten ein.
Doch seine Mama fragt ihn dann,
sind das auch keine Schwindelein?

Refrain:
Aber nein!
Das Zahncrememonster war heut hier.
Ein echtes Zahncrememonster!
Es stand ganz plötzlich vor der Tür.
Ein Riesenzahncrememonster!
Es sah auch schrecklich hungrig aus!
Das arme Zahncrememonster.
Da gab ich ihm die Zahncreme raus.
Die aß das Zahncrememonster.

3. Wenn Maxi schlafen gehen soll,
dann schläft er meistens nicht gleich ein.
Die Mama setzt sich an sein Bett,
denn so ist Maxi nicht allein.
Wenn Maxi schlafen gehen soll,
dann gibt sie ihm noch einen Kuss.
Und flüstert leise in sein Ohr,
weil sie ihm was erzählen muss.

Refrain:
Hör mal zu!
Das Schwindelmonster war heut hier.
Ein kleines Schwindelmonster!
Ich glaub, es liegt hier neben mir,
das kleine Schwindelmonster!
Das Schwindelmonster schläft gleich ein
und träumt vom Wahrheitsmonster.
Das soll ab morgen bei uns sein,
das liebe Wahrheitsmonster.

Wer einmal lügt, dem glaubt man nicht. Man vertraut ihm nicht mehr und selbst die Wahrheit wird nicht mehr geglaubt. Die wichtigste Konsequenz des Lügens ist, dass der Lügner sich selbst schadet. Häufigster Beweggrund zu Lügen ist die Angst vor Strafe oder der Wunsch nach Anerkennung. Eltern sollten ihr Kind nicht für die Wahrheit bestrafen und ihm helfen, die Angelegenheit aus der Welt zu schaffen. Dann wächst der Mut zur Ehrlichkeit. Die Fähigkeit, die Wahrheit von der Lüge zu unterscheiden, ist Kindern erst ab dem Schulalter gegeben. Davor sind die Grenzen zwischen Fantasie und Wirklichkeit fließend!

Kein Eis für Papa!

„Papa, kommst du mit nach draußen?“ Malte, Jule und Pinky standen im Wohnzimmer. „Wir können Fahrrad fahren oder einfach nur spazieren gehen! Bitte, Papa!“ Papa seufzte. Er hatte eigentlich gar keine Lust und wollte nur im Sessel sitzen und ein bisschen lesen. Was sollte er den dreien sagen, die ihn so erwartungsvoll anblickten?

„Mir geht es nicht besonders gut,“ meinte er schließlich. „Ich bleibe besser hier in meinen Sessel sitzen.“

„Was hast du denn, Papa?“ Jule war sofort ganz besorgt.

„Ach, nichts Schlimmes. Mir ist nur etwas übel. Geht lieber alleine.

„Tschüss, Papa. Gute Besserung!“

Jetzt hatte Papa aber ein richtig schlechtes Gewissen. Malte hatte ihn auch so merkwürdig angeschaut. Ob er gemerkt hat, dass er geschwindelt hat? So richtig Lust sein Buch weiter zu lesen, hatte er jetzt auch nicht mehr.

„Papa, wir sind wieder da! Sieh mal, Mama hat vom Einkauf dein Lieblings-Eis mitgebracht.“ Jule brachte zwei Glasschüsseln mit Eis ins Wohnzimmer.

Papa wollte gerade erfreut danach greifen, da sagte Malte: „Schade, dass es Papa übel ist. Jetzt kann er das leckere Eis doch gar nicht essen!“

Papa zog schnell seine Hand wieder zurück und wurde sogar ein bisschen rot.

Stimmt das?

Material:
Mehrere kleine Gegenstände, z. B. Murmel, Spielzugtier, Gummiball, Buntstift, Bauklotz, 1 kleines Leinensäckchen

So geht's:
Die Kinder sitzen auf Stühlen oder auf dem Boden im Kreis. Ein Kind macht die Augen zu oder dreht sich mit dem Rücken zu den anderen Kindern. Der Spielleiter steckt einen Gegenstand in das Säckchen, gibt dieses dem Kind und sagt z. B.: „In dem Säckchen ist der Bauklotz." Das Kind ertastet den Gegenstand und findet heraus, ob das Gesagte stimmt oder nicht.

Tipp:
Die Rolle des Spielleiters kann auch von einem Kind übernommen werden.

Ist das wahr?

Material:
CD-Player / Kassettenrekorder; CD / Kassette mit instrumentaler Kindermusik

So geht's:
Die Kinder laufen zur Musik durch den Raum. Stoppt die Musik, sagt der Spielleiter etwas Wahres oder Unwahres, z. B. „Ein Elefant hat Flügel", „Ein Auto hat vier Räder", „Julia ist vier Jahre alt". Ist die Behauptung wahr, laufen die Kinder weiter; ist sie unwahr, erstarren sie in ihrer Bewegung und laufen erst weiter, wenn die Musik wieder einsetzt. Dann beginnt das Spiel von vorn.

Tipp:
Die Kinder können zusätzlich erraten, welcher Gegenstand sich tatsächlich im Säckchen befindet.

Was hat er euch denn getan?

Text: August van Bebber / Musik: Detlev Jöcker

2. Die passt nicht gut zu uns,
die sieht ganz anders aus.
Die da darf nicht bei uns sein,
die ist hier nicht zu Haus.
Du da, geh woanders hin,
wir spielen nicht mit dir.
Du da, lass uns doch in Ruh.
Was können wir dafür?

Refrain:
Was hat sie euch denn getan?
Was hat sie euch gesagt?
Vielleicht ist sie ja doch ganz nett?
Habt ihr euch das gefragt?
Was hat sie euch denn getan?
Was hat sie euch gesagt?
Warum darf sie nicht anders sein?
Habt ihr euch das gefragt?

3. Der da ist doch viel zu schlau,
und die da ist nicht fit.
Der da ist doch viel zu klein,
und die da ist zu dick!
Du da, geh woanders hin,
wir spielen nicht mit dir.
Du da lass, uns doch in Ruh.
Was können wir dafür?

Refrain:
Was hat er euch denn getan?
Was hat sie euch gesagt?
Vielleicht ist sie ja doch ganz nett?
Habt ihr euch das gefragt?
Was hat sie euch denn getan?
Was hat er euch gesagt?
Warum darf man nicht anders sein?
Habt ihr euch das gefragt?

„Leben und leben lassen." „Jeder ist Ausländer irgendwo." „Was Du nicht willst, dass man Dir tu ..." Toleranz bedeutet Nachsicht und Gewähren lassen von Andersartigkeit. Andersartigkeit kann erschrecken und verängstigen, weil die Regeln für das Miteinander nicht klar sind. Vorurteile sind ein Teil des Lernprozesses, werden in früher Kindheit geprägt und sind daher hartnäckig. Dem lässt sich am besten vorbeugen, indem Kinder so früh wie möglich Fremdes und Unbekanntes kennen lernen. Toleranz der Eltern ist hier gefordert.

Hier dürfen alle spielen!

„Tschüss, Mama. Wir gehen zum Spielplatz!"
„Tschüss, ihr drei", rief Mama aus der Küche. „Seid aber bitte zum Essen zurück."
„Ja, klar!" Jule, Malte und Pinky stürmten zur Tür hinaus.
Auf dem Spielplatz waren schon viele andere Kinder. Die drei gingen zum Sandkasten und begannen, eine Burg zu bauen.
„Da hinten kommt Ole!" sagte Jule plötzlich. „Der will immer bestimmen."
„Wenn man mit ihm Streit bekommt, kann er richtig böse werden." meinte Malte.
Da kam Ole schon auf sie zu. Er stellte sich an den Sandkastenrand und zeigte auf Pinky: „Du kannst hier aber nicht spielen!" fuhr er ihn an.
Jule sprang auf: „Wieso nicht? Was hat Pinky dir denn getan?"
Ole schob sie an die Seite: „Der passt hier nicht hin. Er sieht so merkwürdig aus und wir kennen ihn auch überhaupt nicht!"
Bevor er weitersprechen konnte, mischte sich Julian ein. Er war Oles Freund.
„Ole, wie kannst ausgerechnet du so etwas Gemeines sagen. Weißt du denn nicht mehr, wie du dich im letzten Jahr gefühlt hast, als ihr hierher gezogen seid? Da kannten wir dich auch nicht. Wenn wir so gewesen wären wie du jetzt, würde immer noch keiner mit dir spielen!"
Ole schaute auf den Boden. Alle Kinder waren inzwischen zum Sandkasten gekommen und schauten ihn an.
„Mensch Ole", sagte Malte. „Jetzt gib dir einen Ruck und lerne Pinky doch erst einmal kennen!"
Ole schaute Pinky an. „Du siehst ja wirklich merkwürdig aus, aber vielleicht bist du ja ganz nett." Er gab ihm die Hand und Pinky lächelte ihn freundlich an.
Jule, Malte und Pinky spielten mit den Kindern, bis sie zum Essen nach Hause mussten.
Als sie gehen wollten, sagte Ole: „Tschüss Pinky. Komm doch morgen wieder. Dann können wir weiterspielen!"

Parcours mit Handicaps

Material:
Oberer Teil eines Kastens, einige Kartons, kleiner Tisch, Seil, Augenbinde

So geht's:
Zur Vorbereitung wird mit Kreppband eine Start- und eine Ziellinie auf dem Boden markiert.

Aus dem Material wird ein Parcours aufgebaut und die Aufgaben festgelegt:

Kastenoberteil:	darüber steigen
Seil:	balancieren
Kartons:	aufstapeln
Tisch:	darunter durchkriechen

Vor Beginn des Spiels vereinbart der Spielleiter mit den Kindern Handicaps, mit denen der Parcours bewältigt werden muss (z. B. mit verbundenen Augen, auf einem Bein, mit einem Arm auf dem Rücken). Jedes Kind durchläuft den Parcours mehrmals, zunächst ohne und dann mit jeweils einem Handicap.

Tipp:
Gestaltet man das Spiel als Wettspiel werden zwei gleiche Parcours aufgebaut. Gewonnen hat die Mannschaft, deren Mitglieder alle den Parcours auf jede angesprochene Weise durchlaufen haben.

So bin ich

Material:
Klingende Kugel o. Ä.

So geht's:
Die Kinder sitzen im Kreis auf dem Boden. Der Spielleiter rollt die Kugel zu einem Kind. Dieses erzählt von sich, was es gerne spielt, wer sein Freund ist, wovor es Angst hat, was ihm leicht oder schwer fällt usw. Dann rollt es die Kugel zu einem anderen Kind und das Spiel beginnt von vorn.

Was fühlst du?

So geht's:
Die Kinder sitzen im Kreis auf dem Boden. Ein Kind beginnt und versucht durch Mimik, den anderen mitzuteilen, wie es sich fühlt (z. B. Wut, Trauer, Freude, Müdigkeit). Haben die Kinder den Gesichtsausdruck richtig gedeutet, ist das nächste Kind an der Reihe.

Wo ist denn nur mein linker Schuh?

Text: August van Bebber / Musik: Detlev Jöcker

2. Wo ist denn nur mein Lineal?
Ich kann es nirgends finden.
Wo hab ich es nur hingelegt,
es kann doch nicht verschwinden?
Ich hab es gestern noch benutzt,
damit ich auch gut zeichnen kann.
Jetzt schau ich mich im Zimmer um,
und fange mit der Suche an.

Refrain:
Ich sehe:
Plastiktüten, Ohrenschützer,
Kieselsteine, Bleistiftspitzer.
Bücher, Flaschen, Unterhosen,
Blätter, Stifte, Puderdosen.
Lutscherstiele, Bienenstich.
Und mittendrin, da stehe ich.

3. Wo ist denn nur mein Rucksack hin?
Ich kann ihn nirgends finden.
Wo hab ich ihn nur hingelegt,
er kann doch nicht verschwinden?
Ich hab ihn extra aufgeräumt,
wo hab ich ihn nur hingetan?
Jetzt schau ich mich im Zimmer um,
und fange mit der Suche an.

Refrain:
Ich sehe:
Plastiktüten, Ohrenschützer,
Kieselsteine, Bleistiftspitzer.
Bücher, Flaschen, Unterhosen,
Blätter, Stifte, Puderdosen.
Kartenspiele, Knusperflocken,
rote Rosen, Ringelsocken.
Lutscherstiele, Bienenstich,
Und mittendrin, da stehe ich.

Ordnung ist wichtig, aber sie ist nicht das halbe Leben. Prinzipiell mögen Kinder Ordnung, denn nur dann finden sie ihr Lieblingsspielzeug auch wieder. Wenn Kinder erfahren, dass Ordnung praktisch ist, können sie mit Hilfe der Eltern einen eigenen Ordnungsstil entwickeln. Am besten unterstützen Eltern indem sie beim Aufräumen helfen, für ausreichend Stauraum sorgen und ein System mit entwickeln. Sinnvoll ist es dem Kind zu vermitteln, dass es in seinem Zimmer mitbestimmen kann, jedoch in den anderen Räumen die Regeln der Eltern gelten.

Pinky stinkt!

Malte hatte mit Pinky einen großem Turm aus Bauklötzen gebaut.
„Was ist das denn für ein Geruch“, fragte Mama, die gerade ins Zimmer gekommen war.
„Hast du vielleicht irgendein Brot nicht gegessen und es liegt hier herum?“ Mama schaute sich um. „Oder steht hier irgendwo ein halbvoller Jogurtbecher ...?“
„Ich habe nichts in meinem Zimmer, das stinkt. Das mache ich nie!“ entrüstete sich Malte.
Mama zog zweifelnd eine Augenbraue in die Höhe. Sie schaute im ganzen Zimmer nach, öffnete den Schrank, zog alle Schubladen heraus, aber sie fand nichts.
„Merkwürdig“, sagte sie. „Ich kann nichts finden.“ Plötzlich hielt sie inne.
„Pinky“.
„Ja, was ist denn?“
„Wann hast du dich das letzte Mal gewaschen?“ fragte Mama.
„Gewaschen?“ wunderte sich der kleine Kerl.
Malte fing an zu kichern.
„Rieche ich vielleicht wie ein altes Käsebrot?“ fragte Pinky vorsichtig.
„Ich glaube schon. Ab in die Badewanne mit dir. Malte kann gleich mitgehen, wenn er möchte.“
Kurze Zeit später hörte man Geplantsche und Gelächter aus dem Badezimmer, wo sich Malte und Pinky eine richtige Schaumschlacht lieferten.
„Merkwürdige Sitten habt ihr! Aber es macht Spaß!“ meinte Pinky.

Ich wasche mein Gesicht

So geht's:
Alle Mitspieler sitzen auf Stühlen im Kreis. Der Spielleiter fängt an und sagt: „Bevor ich ins Bett gehe, wasche ich mein Gesicht!" Als nächstes ist das Kind, das rechts neben ihm sitzt, an der Reihe. Es sagt z. B.: „Bevor ich ins Bett gehe, wasche ich mein Gesicht und meine Ohren." Das nächste sagt: „..., wasche ich mein Gesicht, meine Ohren und meinen Hals." Vergisst ein Kind etwas in der Aufzählung, scheidet es aus. Gewinner ist das Kind, welches als Letztes übrig bleibt.

Tipp:
Die Kinder können das Gesagte mit Bewegungen begleiten!

Wohin gehört das?

Material:
Körbe oder ähnliche Behälter, verschiedene Gegenstände, die nach bestimmten Merkmalen sortiert werden können (verschieden lange Stifte, Bausteine in Quader oder Zylinderform, verschieden große Spieltiere o. Ä.)

So geht's:
Die Materialien liegen ungeordnet auf dem Tisch. Der Spielleiter sagt dem Kind, nach welchen Eigenschaften die Materialien sortiert werden, z. B. rund oder eckig, lang oder kurz, groß oder klein.
Das Kind sortiert die Gegenstände in die entsprechenden Körbe.

Tipp:
Für ältere Kinder kann das Spiel erweitert werden. Sie sortieren z. B. nach den Eigenschaften *groß - größer – am größten* oder *lang – länger – am längsten*. Dazu benötigt man jeweils drei gleiche Gegenstände in verschiedenen Größen.

Ich hör dir zu

Text: August van Bebber / Musik: Detlev Jöcker

2. Seid ihr auch irgendwann mal still,
weil ich euch doch was sagen will?!
Ihr redet schon die ganze Zeit,
und sagt nur: „Oh, es tut uns Leid."
Kaum fange ich zu sprechen an,
da redet sofort jedermann.
Ihr hört nicht zu, könnt nichts verstehn!
Das muss doch auch ganz anders gehn!

Refrain:
Ich hör dir zu, und du fängst an,
darauf bin ich als Nächster dran.
Und so geht es hin und her,
sich zu verstehen ist nicht schwer.
Du hörst mir zu, und ich fang an,
darauf bist du als Nächster dran.

Zuhören zu können ist den Menschen nicht in die Wiege gelegt. Es muss nicht nur mühsam erlernt, sondern lebenslang auch immer wieder trainiert werden. Zuhören bedeutet, dem anderen seine ganze Aufmerksamkeit zu schenken, ihn nicht zu unterbrechen und nachzufragen, wenn man etwas nicht verstanden hat. Die Familie ist für Kinder das erste Übungsfeld. Ohne aufmerksames Zuhören gibt es kein Verstehen.

Warum hast du nichts gesagt?

„Jule, kommst du bitte mal sofort zu mir!“ Mamas Stimme klang ziemlich ärgerlich.
Jule kam aus ihrem Zimmer. „Was ist denn, Mama?“
„Ich hab dir schon so oft gesagt, du sollst nicht an meine Schminksachen gehen!“
„Aber ...“
„Warum hältst du dich nicht an das, was wir abgesprochen haben?“
Jule versuchte es noch einmal: „Mama, ich ...“
„Außerdem ist Schminke nicht gut für deine Haut!“
Warum hörte Mama ihr bloß nicht zu! Jule sagte: „Ich habe ...“
„Wenn du Pickel bekommst, dann beschwer dich nicht bei mir!“
In diesem Augenblick kamen Malte und Pinky zur Tür hereingestürmt. Mama drehte sich zu ihnen um, und blieb wie angewurzelt stehen. Dann räusperte sie sich und fragte: „Pinky, was ist denn mit dir passiert?“
„Nichts. Was soll mit mir sein?“
„Aber du siehst ganz anders aus, nicht mehr pink.“
Malte lachte. „Pinky wollte sich heute Morgen eincremen und hat aus Versehen deine braune Schminke genommen. Und dann hat es ihm so gut gefallen, mal braun und nicht pink zu sein, dass er es noch nicht abgewaschen hat.“
Mama schaute Jule an: „Es tut mir wirklich Leid.“ sagte sie. „Aber warum hast du denn nichts gesagt?“
Jule meinte nur: „Wenn du mich hättest ausreden lassen ...“

Hör mir zu!

Material:
CD-Player / Kassettenrecorder, CD / Kassette mit instrumentaler Kindermusik, Rhythmusinstrument (z. B. Trommel, Klanghölzer)

So geht's:
Vor Beginn des Spiels werden mit den Kindern Rhythmen vereinbart, die mit bestimmten Bewegungen verknüpft sind, z. B.:

vier lange Schläge:
von einer Seite des Raums zur gegenüberliegenden rennen

zwei lange Schläge:
rückwärts laufen

drei lange, zwei kurze Schläge:
hüpfen

zwei kurze, drei lange Schläge:
krabbeln

Zur Musik laufen die Kinder durch den Raum. Stoppt die Musik, spielt der Spielleiter einen Rhythmus. Die Kinder führen die vereinbarte Bewegung aus. Setzt die Musik wieder ein, beginnt das Spiel von vorn.

Tipp:
Die Kindern können selbst Rhythmen und dazugehörige Bewegungen finden und die Rolle des Spielleiters übernehmen.

Wenn ich etwas sagen will

Wenn ich etwas sagen will,
dann höre mir doch zu.
Wenn ich dich etwas fragen will,
mach nicht die Ohren zu.
Es ist wichtig, was ich meine,
was ich erzählen will.
Merkst du das nicht, dann bleibe ich
irgendwann ganz still.

Ich möchte euch etwas sagen

Material:
CD-Player / Kassettenrecorder, CD / Kassette mit instrumentaler Kindermusik, kleiner Korb, Murmel o. Ä.

So geht's:
Zur Musik laufen alle Kinder durch den Raum, dabei können sie sich unterhalten, singen usw. Stoppt die Musik, zeigt der Spielleiter auf ein Kind und dieses holt sich die Murmel aus dem Korb. Sobald es die Murmel in der Hand hat, sind die anderen still und hören zu. Das Kind kann erzählen, was es möchte (z. B. was es am Tag vorher gemacht hat). Wenn das Kind genug erzählt hat, bringt es die Murmel zurück. Die Musik setzt wieder ein und das Spiel beginnt von vorn.

Das ist doch ungerecht

Text: August van Bebber / Musik: Detlev Jöcker

2. Warum werd' ich hinausgeschickt?
Den Film darf ich doch auch schon sehn!
Ich habe mich so sehr gefreut,
das finde ich jetzt gar nicht schön!
„Erwachsene brauchen auch mal Ruh."
Muss das denn grade heute sein?
Jetzt habe ich 'ne Riesenwut!
Ich finde, das ist ganz gemein!

Refrain:
Das ist doch ungerecht!
Das ist nicht fair!
Es müsste anders sein,
damit es viel gerechter wär.
Das ist doch ungerecht!
Das ist nicht fair!
Es müsste anders sein,
damit's gerechter wär.

3. Warum muss ich denn auch ins Bett?
Mein Bruder ist doch noch ganz klein.
Ich bin doch viel, viel älter schon!
Ich finde, das ist ganz gemein!
Wenn er in seinem Bettchen liegt,
dann soll ich auch schon müde sein?
Ich möchte noch nicht schlafen gehn.
Ich finde, das ist ganz gemein!

Refrain:
Das ist doch ungerecht ...

Gerechtigkeit bedeutet, unvoreingenommen, vorurteilslos und objektiv zu sein. Das macht deutlich, dass volle Gerechtigkeit von Eltern nur schwer durchzuführen ist. Ungerechtigkeit führt nicht nur bei Kindern zu Unbehagen. Wird eine Situation als ungerecht erlebt, streben Menschen nach einem als gerecht erlebten Zustand und tun alles dafür, diesen herzustellen. Es ist wichtig, dass Eltern ihren Kindern vermitteln, dass sie bemüht sind, jedem gerecht zu werden und das Gespräch mit ihnen suchen.

Das ist doch ungerecht

„Jule, Malte, räumt bitte eure Zimmer auf. Es liegt alles durcheinander!“ rief Mama.
Malte stöhnte. Mama musste immer so übertreiben. Dabei lag fast nichts auf dem Boden herum. Er hörte, wie Mama in Jules Zimmer ging.
„Na, Jule“, fragte sie, „soll ich dir beim Aufräumen helfen?“
So eine Gemeinheit, dachte Malte. Mama hilft Jule und mir nicht! Er war sehr ärgerlich. In diesem Augenblick schaute Pinky über den Rand seines Schubladenbettes. Er hatte einen kleinen Mittagsschlaf gemacht. Er sah Malte an „Huch! Du siehst aber böse aus“, sagte er. „Was ist passiert?“
„Ich bin stinksauer“, erwiderte Malte, „weil Mama Jule beim Aufräumen hilft und mir nicht!“ Da kam Mama ins Zimmer.
„Was ist los, Malte?“ fragte sie. „Warum räumst du nicht auf?“
„Du musst mir auch helfen, nicht nur Jule, sonst ist das ungerecht!“
„Malte“, sagte Mama da. „Jule ist doch erst vier Jahre alt und du bist schon fast sieben!“
„Das ist mir egal!“ Malte war jetzt richtig wütend.
„Du meinst, wenn ich euch immer gleich behandle, dann ist das gerecht?“ wunderte sich Mama.
„Ja! Natürlich!“
Schweigend räumte Mama mit Malte das Zimmer auf.
Am Abend sagte Mama: „Jule, Pinky und Malte! Es ist Zeit, ins Bett zu gehen! Putzt euch bitte schon mal die Zähne. Ich komme gleich und lese euch noch eine Geschichte vor.
„Mama!“ beschwerte sich Malte. „Ich muss doch nicht um sieben Uhr ins Bett. Und Jules Babygeschichten möchte ich mir auch nicht anhören!“
„Aber ich sollte euch doch immer gleich behandeln!“ meinte Mama.
„Doch nicht ganz gleich“, meinte Malte kleinlaut.
„Ja, ja“, sagte Pinky da mit erstem Gesichtsausdruck. „Gerecht sein, ist nicht einfach!“

Jedem das Gleiche

Material:
1 Tablett, 3 gleich große Gläser, 1 Wasserkrug mit einem Markierungsstrich

So geht's:
Das Tablett steht auf dem Tisch. Die Gläser werden nebeneinander darauf gestellt, der Krug wird bis zur Markierung mit Wasser gefüllt.
Aufgabe des Kindes ist es, die Gläser mit der gleichen Wassermenge zu befüllen.

Jedem das Seine

Material:
1 Bank, 4 Reifen, Seile, oberer Teil eines Kastens o. Ä., Kassettenrekorder / CD-Player, Kassette / CD mit instrumentaler Kindermusik

So geht's:
Die mitspielenden Kinder erhalten verschiedene Rollen, z. B. Maler, spielendes Kind, frierender Spaziergänger. Ein Kind verteilt die Gegenstände aus der Kiste so, dass jeder Mitspieler das bekommt, was zu ihm gehört.

Tipp:
Dieses Spiel kann man auch mit Bildkarten spielen. Je zwei Karten gehören zusammen. Auf einer Karte ist eine Person abgebildet, der etwas fehlt. Auf der zweiten Karte ist der fehlende Gegenstand zu sehen (z. B. Maler ohne Pinsel / Pinsel). Das Kind ordnet die Einzelgegenstände den Personen zu.

Es ist schön, dem andern zu helfen

Text: August van Bebber / Musik: Detlev Jöcker

2. Als Max einmal gefallen ist,
   da ging's ihm gar nicht gut.
   Er spürte einen großen Schmerz,
   das Knie war voller Blut.
   Wir holten seine Mama her,
   die half ihm aufzusteh'n.
   Wir haben auch mit angefasst,
   er konnte weitergeh'n.

Refrain:
Es ist schön, dem andern zu helfen.
Wenn er spürt, er ist nicht allein.
Es ist schön, dem andern zu helfen.
Und man weiß, er wird sich dann freun.
Es ist schön! Es ist schön, zu helfen.

3. Als Kim einmal ganz hilflos war,
   da hat sie sehr geweint.
   Ihr kleines Kätzchen war nicht da,
   es war ihr bester Freund.
   Wir haben alle mitgesucht,
   und hatten ganz viel Glück.
   Wir fanden es auf einem Baum,
   und brachten es zurück.

Refrain:
Es ist schön, dem andern zu helfen ...

In unserer Kultur ist Hilfsbereitschaft sozial erwünscht. Dennoch fällt Helfen oft schwer. Häufig bedeutet es Verzicht und Mühe und steht nicht im Verhältnis zum Einsatz. Bevor Kinder in die Schule gehen, erkennen sie selten von allein die positiven Auswirkungen ihres hilfsbereiten Verhaltens, besonders wenn es sich erst langfristig auszahlt. Wer anderen gegenüber hilfsbereit ist, kann zu Recht hoffen, dass man auch ihm gern einen Gefallen tut. Das ist wichtig zu vermitteln.

Putztag

„Pinky, Jule", rief Malte. „Seid ihr fertig? Wir wollten doch draußen spielen!"
Jule und Pinky kamen zu Malte gelaufen.
„Wo ist Mama?" wollte Jule wissen.
„Einkaufen", erwiderte Malte. „Sie hatte es ziemlich eilig, weil sie noch so viel zu tun hat."
Die drei wollten gerade ihre Jacken anziehen, da sagte Jule plötzlich: „Ich habe eine Idee. Wir können Mama doch helfen, damit sie nicht alles alleine machen muss. Lasst uns einfach schon mal anfangen!"
Pinky sah Jule ratlos an. „Was soll ich denn machen?"
„Du kannst den Müll nach unten bringen und du, Malte, holst den Staubsauger und saugst die Teppiche!"
„Und was machst du?" fragte Malte.
„Ich räume den Frühstückstisch ab und spüle das Geschirr."
Die drei legten los. Puh, Saubermachen war ganz schön anstrengend und sie kamen richtig ins Schwitzen. Aber endlich hatten sie es geschafft! Sie hörten, dass Mama die Türe aufschloss und stürmten sofort auf sie zu.
„Mama, du kannst dich jetzt ausruhen", riefen sie. „Wir haben schon alles fertig!"
Mama schaute sich um. „Das ist ja toll! Wie lieb von euch! Wisst ihr was? Ich habe ja jetzt Zeit. Wir gehen alle zusammen ins Eiscafé und essen eine Riesenportion Eis!"
„Mmmh, lecker!" riefen Jule, Malte und Pinky begeistert und zogen schnell ihre Jacken an.

Schubkarrenlauf

Material:
Pro Paar 4-5 Tastsäckchen o. Ä., Kreppband

So geht's:
Mit dem Klebeband werden eine Start- und eine Ziellinie ca. 3-5 m voneinander entfernt auf den Boden geklebt. Die Kinder bilden Paare, diese sitzen hinter der Startlinie, die Tastsäckchen liegen neben ihnen. Dann erklärt der Spielleiter die Aufgabe: Ein Kind pro Paar ist der Arbeiter, der schwere Säcke zur Baustelle (Ziellinie) bringen muss. Seine einzige Hilfe dabei ist seine Schubkarre (das andere Kind des Paares). Auf ein Startzeichen legt der „Arbeiter" den ersten Sack in seine Schubkarre (auf den Rücken des Kindes) und bringt ihn zur Baustelle. Dann laufen sie zurück und holen den nächsten Sack. Gewonnen hat das Paar, das als erstes alle Säcke zur Baustelle gebracht hat. Die Kinder können während des Spiels die Rollen tauschen.

Tipp:
Schubkarren laufen geht so: Ein Kind liegt auf dem Bauch, das andere umfasst seine Fußgelenke und hebt seine Beine ein Stück an. Das liegende Kind drückt den Oberkörper mit den Armen nach oben und läuft auf den Händen.

Wir helfen uns

Material:
1 Luftballon pro Kind

So geht's:
Jedes Kind malt sein Gesicht auf einen Luftballon und schreibt seinen Namen darauf. Alle Luftballons kommen in einen großen Behälter. Ein Kind zieht einen Ballon heraus und fragt das Kind, dem der Ballon gehört: „Wie kann ich dir helfen?" Dieses antwortet z. B.: „Ich kann nicht so gut die Schuhbänder zubinden." (oder die Jacke zumachen, ein Puzzle legen o. Ä.). Nun hilft das eine Kind dem anderen. Dann wird der nächste Ballon aus dem Behälter genommen und das Spiel beginnt von vorne.

Tipp:
Toll finden es Kinder, wenn sogar ein Erwachsener Hilfe braucht.

Nein! Ich mach das nicht!

Text: August van Bebber / Musik: Detlev Jöcker

2. Dort steht Ritas Fahrrad,
wir drehn den Klingeldeckel ab.
Das wird wieder lustig,
sie weiß ja nicht, wer ihn dann hat.
Ich mache da nicht mit!
Ich finde das gemein!
Du bist doch nur zu feige,
und auch noch viel zu klein.

Refrain:
Nein! Ich mach das nicht!
Nein! Das ist nicht gut!
Auch wenn ihr dann sagt,
mir fehle nur der Mut.
Nein! Ich mach das nicht!
Das tut Rita weh!
Ich bin doch nicht feige,
wenn ich das anders seh!

3. Jens hat Schokolade,
die essen wir jetzt einfach auf.
Das wird wieder lustig.
Genau, und lecker ist es auch.
Ich mache da nicht mit!
Ich finde das gemein!
Du bist doch nur feige,
und auch noch viel zu klein.

Refrain:
Nein! Ich mach das nicht!
Nein! Das ist nicht gut!
Auch wenn ihr dann sagt,
mir fehle nur der Mut.
Nein! Ich mach das nicht!
Das tut Jens doch weh!
Ich bin doch nicht feige,
wenn ich das anders seh!

Zivilcourage oder Mut ist die Fähigkeit, für etwas, dass man als richtig und gerecht erkannt hat, einzutreten. Das erfordert Selbstbewusstsein. Selbstbewusstsein ist nicht angeboren, sondern muss von Eltern gefördert werden. Denn nur selbstsichere Kinder sind in der Lage für ihre Meinung einzutreten und sich auch mal gegen die Mehrheit zu stellen. In einem Umfeld von Geborgenheit und Sicherheit lernen Kinder Konflikte zu riskieren. Das ermöglicht ihnen ihre Ängste zu überwinden und auch die Rolle des Außenseiters zu riskieren.

Malte hat Mut!

Pinky war glücklich. Heute würde er zum allerersten Mal ins Schwimmbad gehen. Jules und Maltes Mama hatte ihm eine Badehose genäht, eine zitronengelbe mit blauen Punkten, auf die er sehr stolz war.
Im Schwimmbad angekommen sagte Malte zu der Damen an der Kasse: „Wir möchten gerne zwei Stunden schwimmen gehen".
„Der kleine pinkfarbene Kerl kann aber nicht mit rein!" sagte diese.
„Wieso darf Pinky nicht mit rein?" fragte Jule ihren Bruder verständnislos.
„Ich weiß es auch nicht" antwortete Male. Er schluckte. Wenn es ihm nur nicht so schwer fallen würde, der Frau darauf etwas zu sagen. Er schaute Pinky an. Der blickte ganz traurig auf den Boden, die Tasche mit der Badehose baumelte an seinem Arm.
Malte nahm all seinen Mut zusammen, reckte die Schultern und sagte mit fester Stimme: „Pinky sieht zwar anders aus, aber er ist mein Freund.
Und nirgendwo steht, dass jemand mit pinkfarbener Haut nicht ins Schwimmbad darf!"
Die Kassiererin holte tief Luft: „Also ..."
„Ich finde, der Junge hat Recht!" meinte da plötzlich ein Mann hinter ihnen. „Von ihm könnten sie noch eine Menge lernen. Jetzt geben sie den dreien schon ihre Karten, damit sie ins Schwimmbad gehen können!"
„Vielen Dank!" sagte Malte und drehte sich zu dem Mann um.
Dann bekamen die drei endlich ihre Eintrittskarten und liefen fröhlich ins Schwimmbad.

Bewegungsgeschichte: Reise in das Tal der Mutigen

Stationen (Material und Aufbau):
1. *Zimmer* - Kisten oder Kissen zu einem Viereck mit Ausgang anordnen.
2. *Höhle* - 2-3 hintereinander stehende Tische, mit Decken verkleidet. Unter den Tischplatten kleben Krepppapierstreifen (Spinnenweben).
3. *Tal der Mutigen* – mit Luftballons (Felsbrocken, Steine) gefülltes Plantschbecken.
Außerdem: *kleine Kiste mit Super-Mut-Medaillen* (Bierdeckel mit Alufolie beklebt), *Zeitung, Augenbinden*.

So geht's:
Der Spielleiter erzählt die Geschichte, die von den Kindern gespielt wird. Alle Kinder sitzen innerhalb des Vierecks auf dem Boden.

Guten Morgen! Hört mal, was hier in der Zeitung steht: "Großer Wettbewerb für mutige Kinder. Macht euch auf den gefährlichen, weiten Weg ins Tal der Mutigen. Nur die ersten können die Super-Mut-Medaillen gewinnen. Traut euch und zögert nicht!"
Kommt, wir laufen sofort los, bevor uns jemand die Medaillen wegschnappt. Wir müssen ganz leise sein, damit uns niemand bemerkt.
Alle laufen auf Finger- und Zehenspitzen los.
Hier geht es bergauf. Puh, das ist ganz schön anstrengend.
Alle laufen langsam mit hochgezogenen Knien.
Da vorne ist eine Höhle! Bestimmt führt ein Gang zur anderen Seite des Bergs. Die Höhle ist sehr dunkel. Da müssen wir unseren ganzen Mut zusammennehmen. Viel Glück!
Alle ziehen Augenbinden an und kriechen unter den Tischen durch.
Iiih, hier sind ganz viele Spinnenweben. Spürt ihr die auch?
Wir haben es geschafft, hier ist es wieder hell.
Alle nehmen die Augenbinden ab.
Jetzt sind wir gleich da. Hinter diesem Berg liegt das Tal der Mutigen. Seid vorsichtig, dort liegen viele Steine und Felsbrocken.
Alle klettern auf den Kasten und rutschen in das Plantschbecken.
Juchu! Wir haben es geschafft! Wir haben allen gezeigt, wie mutig wir sind. Hier sind eure Super-Mut-Medaillen!
Alle hängen sich ihre Medaillen um und laufen die Stationen in umgekehrter Reihenfolge zurück.

Tipp:
Die Stationen und die Geschichte können beliebig erweitert werden. Mögliche weiter Stationen können z. B. sein: *Schlucht* – zwei Turnmatten, die im Abstand von ca. 1 m nebeneinander liegen. *Die Kinder springen herüber.*
Berg und Abhang – Trittleiter: Ein Brett an eine Seite gelehnt. *Die Kinder klettern hoch und laufen das Brett aufrecht hinunter.*

Freunde

Text: August van Bebber / Musik: Detlev Jöcker

2. Manchmal, wenn du glücklich bist
und dir alles gut gefällt,
spürst du, dass ein Freund dich braucht,
dass ihm irgendetwas fehlt.
Und du hörst ihm einfach zu,
bis es ihm dann besser geht.
Und du freust dich dann mit ihm,
weil ihr euch so gut versteht.

Refrain:
Freunde sind ganz einfach da,
sind sich immer nah.
Freunde sind wie du und ich.
Freunde nehmen sich die Zeit,
gehen meilenweit,
lassen sich niemals im Stich.

3. Manchmal, wenn du freundlich bist
und du meinst es wirklich gut,
doch dein Freund versteht das nicht
und du spürst, jetzt kommt die Wut.
Dann erinn're dich daran,
es gibt einen bess'ren Weg!
Über alles reden, bis
ihr euch wieder gut versteht.

Refrain:
Freunde sind ganz einfach da...

Kinder brauchen Kinder. Menschen brauchen für ihre seelische Gesundheit die Erfahrung ein anerkanntes Mitglied einer Gruppe zu sein. Es ist ein gutes Gefühl von anderen akzeptiert und geachtet zu werden. In diesen Freundschaften erlernen sie neue Verhaltensweisen und Umgangsformen. Auch wenn sich Eltern einen anderen Freund für ihr Kind wünschen, sollten sie nicht zuviel Einfluss nehmen. Kinder brauchen die Erfahrung ihre Beziehungen untereinander selbst zu regeln.

Der beste Freund

„Warum weinst du denn, Jule?“ Mama kam in Jules Zimmer. Jule schluchzte. „Mama, Pinky hat uns gerade gesagt, er könnte nicht für immer bei uns bleiben. Er muss bald wieder nach Hause zurück!“

Mama nahm ihre Tochter in den Arm und drückte sie ganz fest.

„Ach Jule,“ sagte sie, „es tut mir so leid, dass du traurig bist. Aber sieh mal, wir haben doch von Anfang an gewusst, dass Pinky nur eine Zeitlang bei uns bleiben wird!“

„Weiß ich doch, Mama. Aber ich möchte trotzdem nicht, dass er geht.“

In diesem Augenblick steckten Pinky und Malte ihren Kopf ins Zimmer hinein.

„Geht es dir wieder besser, Jule?“ fragte Malte.

„Ja“, schniefte Jule. „Macht es dir denn gar nichts aus, wegzugehen, Pinky?“

Pinky schaute sie erstaunt an.

„Doch, natürlich! Ich habe auch schon gedacht, wenn ich gar nicht gekommen wäre, wären wir jetzt auch nicht traurig. Aber dann hätte ich auch nicht so tolle Freunde gefunden. Und ich würde immer noch meinen Kopf in Schüsseln stecken und hätte Stinkefüße und ...“

Jule musste kichern. Dann meinte sie: „Wir haben dann aber keinen besten Freund mehr!“

„Doch! Ich bin immer euer Freund, auch wenn ich nicht hier bin,“ widersprach Pinky. „Ein Freund ist niemals ganz weg. Du musst nur an ihn denken und schon ist er bei dir. Und irgendwann komme ich bestimmt wieder, das verspreche ich dir. Kommt, wir spielen Mensch-ärgere-dich-nicht, dann werden wir wieder fröhlich.“

„Oh ja“, rief Jule. „Ein Glück, dass du noch hier bist!“

Freunde sind was ganz Besonderes

Freunde sind was ganz Besondres,
Freunde mögen sich so gern,
Freunde trösten sich, wenn's nötig,
Freunde sehn zusammen fern,.
Freunde teilen jedes Spielzeug,
Freunde lachen sich oft an,
Freunde helfen sich beim Rechnen,
Freunde wissen, wer was kann.
Freunde können sich vertragen,
Freunde spielen jeden Tag,
Freunde halten fest zusammen,
das ist's, warum ich Freunde mag.

Freunde gehören zusammen

Material:
Pro Paar 1 Luftballon, CD-Player / Kassettenrecorder, CD / Kassette mit instrumentaler Kindermusik

So geht's:
Die Mitspieler bilden Paare. Zur Musik laufen die Partner einzeln durch den Raum, einer trägt den Luftballon. Stoppt die Musik, ruft der Spielleiter z. B. Nase (Bauch, rechte Hand, Rücken). Die Partner finden sich, klemmen den Luftballon zwischen ihre Nasen und laufen so weiter, bis die Musik wieder einsetzt. Dann trennen sich die Partner und das Spiel beginnt von vorn.

An Land ein kleiner Leuchtturm steht

Text: August van Bebber / Musik: Detlev Jöcker

2. Der Seehund schwimmt im weiten Meer,
er schaukelt hin und schaukelt her.
Er will auf einer Sandbank sein,
denn dort ist er nicht mehr allein.
Was macht er jetzt? Wer zeigt den Weg?
Wer sagt ihm, wie es richtig geht?

Refrain:
An Land ein kleiner Leuchtturm steht,
der zeigt dem Seehund seinen Weg.
An Land ein kleiner Leuchtturm steht,
der zeigt ihm, wie es richtig geht.

3. Ein Seemann segelt übers Meer,
er segelt kreuz und segelt quer.
Er möchte gern zurück nach Haus,
doch leider kennt er sich nicht aus.
Was macht er jetzt? Wer zeigt den Weg?
Wer sagt ihm, wie es richtig geht?

Refrain:
An Land ein kleiner Leuchtturm steht,
der zeigt dem Seemann seinen Weg.
An Land ein kleiner Leuchtturm steht,
der zeigt ihm, wie es richtig geht.

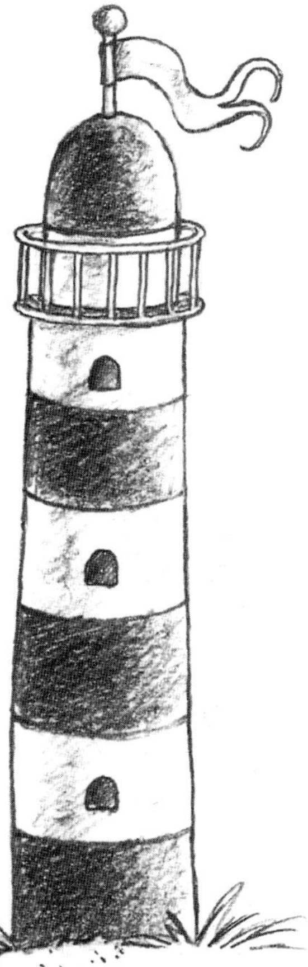

Hier ist der Leuchtturm

Material:
CD-Player / Kassettenrecorder, CD / Kassette mit instrumentaler Kindermusik, Kartons, Taschenlampe, Stuhl oder Hocker

So geht's:
Zur Vorbereitung wird der Raum abgedunkelt, das Licht bleibt eingeschaltet. Die Kartons werden verteilt auf den Boden gestellt. Der Stuhl steht z. B. in der Mitte des Raums, ein Kind befindet sich mit der Taschenlampe in der Hand darauf.
Zur Musik laufen die Kinder durch den Raum, dabei achten sie auf die Position der Kartons. Stoppt die Musik, schaltet der Spielleiter das Licht aus, das Kind auf dem Stuhl leuchtet mit der Taschenlampe. Die übrigen Kinder versuchen im Dunkeln zum Leuchtturm zu gelangen und dabei die Hindernisse zu umgehen.